PETITE THÉORIE

DE LA
MUSIQUE

NOUVELLE ÉDITION
CONTENANT LE QUESTIONNAIRE

A l'Usage des Écoles Normales, des Écoles Municipales,
des Cours d'Adultes, etc.

PAR

JULES ARNOUD

Professeur à l'École Municipale Turgot, etc.

Prix Net. 0f 50 Centimes
Très solidement Broché.

Paris.—Librairie Musicale
ALPHONSE LEDUC, ÉDITEUR, 3, RUE DE GRAMMONT
Tous Droits d'Édition et de Traduction réservés pour tous Pays.

1890

PETITE THÉORIE
DE LA MUSIQUE

JULES ARNOUD

De la MUSIQUE, des CLÉS, de la PORTÉE

§ 1.—La *Musique* est l'art de combiner les sons d'une manière appréciable et agréable à l'oreille.

§ 2.—La Musique se divise en deux branches:

1º La *Mélodie* dont le but est de faire entendre les sons successivement; 2º l'*Harmonie* qui a pour objet de faire entendre plusieurs sons à la fois (simultanément).

§ 3.—La Musique se subdivise en deux classes:

1º la musique vocale;

2º la musique instrumentale.

§ 4.—*Solfier*, c'est lire la musique en donnant à chaque note ou chaque silence sa valeur exacte.

§ 5.—*Chanter*, c'est donner l'intonation qui convient à chaque note en y ajoutant la parole.

§ 6.—Le *Son* est produit par un corps sonore mis en vibration.

§ 7.—Plus le corps sonore est petit, plus il a de vibrations et conséquemment plus il est aigu; au contraire, plus le corps sonore est gros ou grand, moins il a de vibrations et plus il est grave.

§ 8.—Le son a trois qualités: 1º *le Degré de gravité* ou *d'acuité* produit par les vibrations; 2º l'*Intensité* ou force produite par l'ampleur des vibrations; 3º le *Timbre*, qui caractérise les voix et les différents instruments.

§ 9.—On représente les sons musicaux par des figures appelées *Notes*.

§ 10.—Il y a en musique sept notes dont les noms sont: *UT* ou *DO*, *RE*, *MI*, *FA*, *SOL*, *LA*, *SI*. En ajoutant un huitième son qui porte le même nom que le premier, on obtient la *GAMME*.

§ 11.—La *Gamme*, que nous pourrions comparer à une échelle, se compose de cinq grands intervalles appelés *Tons* et de deux petits intervalles appelés *Demi-tons*.

Paris, ALPHONSE LEDUC, Éditeur.   A. L. 8791.   Gravé chez Alphonse Leduc

§ **12.**—Les tons sont placés du 1er au 2me degré, du 2me au 3me degré, du 4me au 5me degré, du 5me au 6me degré, du 6me au 7me degré.

Les demi-tons sont placés du 3me au 4me degré et du 7me au 8me degré.

EXEMPLE

8me DEGRÉ	UT	
7me DEGRÉ	SI	½ ton
6me DEGRÉ	LA	1 ton
5me DEGRÉ	SOL	1 ton
4me DEGRÉ	FA	1 ton
3me DEGRÉ	MI	½ ton
2me DEGRÉ	RÉ	1 ton
1er DEGRÉ	UT	1 ton

§ **13.**—Il y a deux espèces de degrés: le degré *conjoint* et le degré *disjoint*.

Le degré conjoint embrasse un intervalle de seconde; le degré disjoint embrasse un intervalle plus grand.

§ **14.**—Pour écrire les notes, on se sert de cinq lignes horizontales et placées à égale distance les unes des autres; leur réunion constitue la *Portée*.

5e ligne
4e ligne
3e ligne
2e ligne
1re ligne

Les lignes de la portée se comptent de bas en haut; la première ligne de la portée est donc celle du bas.

§ **15.**—On place les notes sur les lignes et dans les interlignes.

NOTES SUR LES LIGNES   NOTES DANS LES INTERLIGNES

4

§ 16.—Les sons graves s'écrivent au bas de la portée et les sons aigus s'écrivent au haut de la portée.

§ 17.—Comme on le voit, l'ensemble des notes contenues dans la portée est de neuf, dont cinq sur les lignes et quatre entre les lignes (interlignes).

§ 18.—On augmente au besoin l'étendue de la portée, en y ajoutant, au-dessus ou au-dessous, de petites lignes appelées *lignes supplémentaires*.

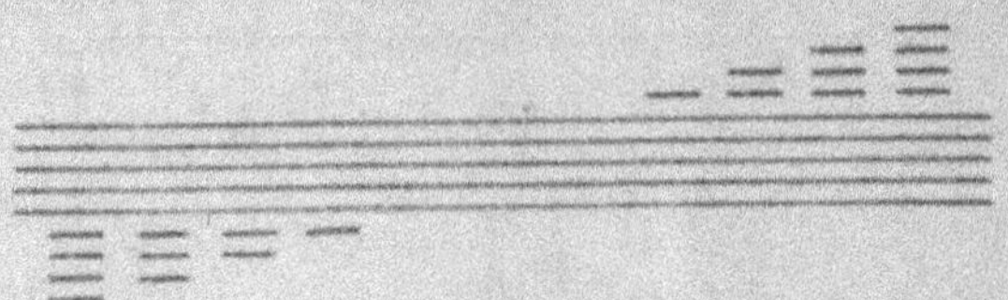

§ 19.—Pour fixer le nom des notes on se sert d'un signe que l'on place au commencement de la portée et qui se nomme *Clé*.

§ 20.—La clé donne son nom à la note placée sur la même ligne qu'elle.

§ 21.—Il y a trois espèces de clés:

1º la *Clé de Sol*, qui se place sur la 1ʳᵉ et la 2ᵐᵉ ligne.

2º la *Clé d'Ut*, qui se place sur les quatre premières lignes.

3º la *Clé de Fa*, qui se place sur la 3ᵐᵉ et la 4ᵐᵉ ligne.

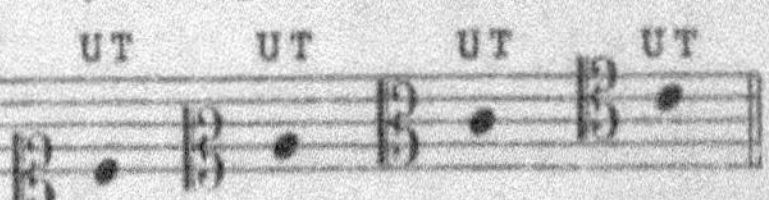

TABLEAU des NOTES CONTENUES dans la PORTÉE

§ 22.—

§ 23.— **MÊME TABLEAU**

avec l'ADJONCTION de LIGNES SUPPLÉMENTAIRES

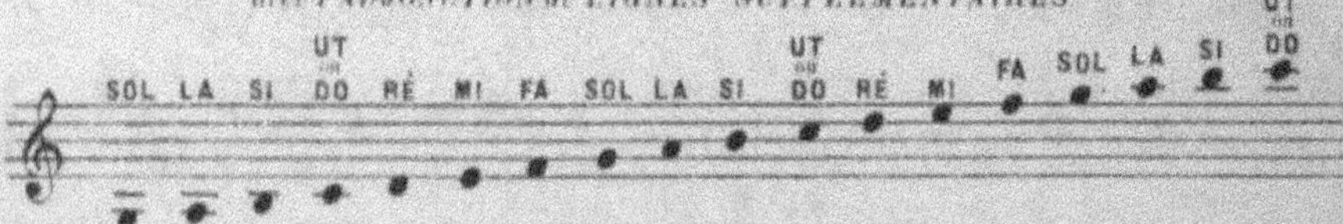

Des FIGURES de NOTES
et des FIGURES de SILENCES

§ 24.—La durée plus ou moins longue des sons est représentée par des signes qui se nomment *figures de notes*.

§ 25.—Les figures de notes sont au nombre de sept: la *ronde*, ○, la *blanche*, ○, la *noire*, ♩, la *croche*, ♪, la *double-croche*, ♪, la *triple-croche*, ♪ et la *quadruple-croche*, ♪.

TABLEAU COMPARATIF DE LA VALEUR RELATIVE DES NOTES

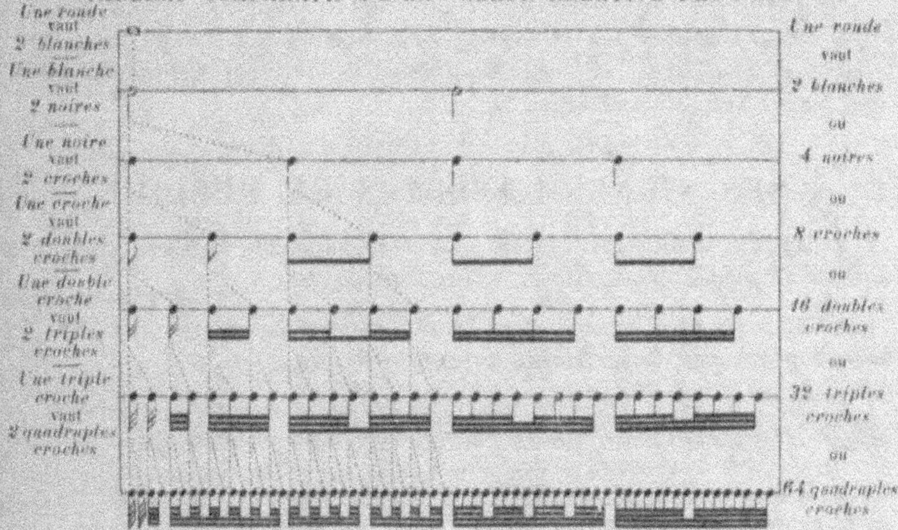

§ 26.—On peut réunir plusieurs croches, doubles-croches, etc, par le moyen des barres (Voir l'exemple ci-dessus).

§ 27.—Pour interrompre momentanément les *sons*, on se sert de signes appelés *Silences*.

§ 28.—Les figures de *silences* sont: La *pause* ▬ la ½ *pause* ▬

le soupir ♪ ou ♪ le ½ soupir ♪, le ¼ de soupir ♪, le ⅛ de soupir ♪ et le ⅟₁₆ de soupir ♪

6

§ **29.**—La pause ▬▬ équivaut à la ronde o

La ½ pause ▬ » » blanche ♩

Le soupir ⅄ » » noire ♩

Le ½ soupir ⅃ » » croche ♪

Le ¼ de soupir ⅃ » » double-croche ♬

Le ⅛ de soupir ⅃ » » triple-croche ♬

Le ¹⁄₁₆ de soupir ⅃ » » quadruple-croche ♬

§ **30.**—Autrefois l'on se servait de la maxime ▭ , qui valait *quatre rondes* et de la brève ▭ , qui valait *deux rondes*. Ces figures de notes sont à peu près abandonnées.

DES SIGNES EMPLOYÉS EN MUSIQUE

§ **31.**—Le *Point* placé après une note augmente la durée de cette note de la moitié de sa valeur. (Voir le Tableau page 8)

§ **32.**—On place souvent deux points après les notes; dans ce cas, le second point vaut la moitié du premier, etc.

§ **33.**—On place aussi des points après les silences; ils produisent le même effet qu'après les notes.

§ **34.**—On met également des points sur les notes ♪, dans ce cas, la note est *détachée* et lorsqu'elle porte un point allongé ♪ elle est *piquée*.

§ **35.**—Les notes surmontées d'un *Point* et d'une *Liaison* doivent être exécutées un peu plus lourdement que lorsqu'elles sont piquées.

§ **36.**—Le *Point d'Orgue* ⌢ indique qu'on peut prolonger le son à volonté; le même signe placé sur un silence prend le nom de point d'arrêt.

§ **37.**—La *Liaison*, ligne courbe réunissant *deux notes identiques* (à l'unisson) signifie qu'il faut prolonger le son de la seconde note sans la répéter. On peut lier entre elles deux et plusieurs notes.

§ **38.**—La *Liaison* placée sur des notes de noms différents, indique que leur exécution doit être liée, c'est-à-dire effectuée par une seule articulation.

§ **39.**—Le *Triolet* est un groupe de *trois notes égales* ayant la même durée que deux notes de même valeur. Il s'indique par un **3** que l'on place au-dessus ou au-dessous du groupe.

§ **40.**—Un silence peut faire partie du triolet, mais sa valeur doit être égale à la note ou aux deux notes qu'il remplace.

§ **41.**—Le *Double-triolet*, qui s'indique par un *6* que l'on place au-dessus ou au-dessous du groupe, peut être considéré comme la réunion de deux triolets simples.

§ **42.**—Le *Sextelet* ou *Sixain* s'exécute de deux façons:

1º division ternaire de chaque note d'un groupe binaire.

2º division binaire de chaque note d'un groupe ternaire.

§ **43.**—On appelle *Reprise* un nombre de mesures compris entre deux doubles-barres précédées ou suivies de points. Ces points indiquent qu'il faut recommencer la partie qui précède les deux points.

Il existe une seconde sorte de reprise: On se sert alors des mots 1º ou 1re fois et 2º ou 2de fois; lorsque l'on fait cette reprise pour la seconde fois, la mesure ou les mesures surmontées de l'indication 1re fois sont supprimées et l'on doit suivre aux mesures indiquées 2de fois. (Voir le Tableau page 8)

§ **44.**—Le *Renvoi* 𝄉, se place au commencement d'un morceau et à la fin d'une phrase; lorsqu'on le rencontre pour la 2de fois, on reprend au premier signe et on continue jusqu'au mot FIN.

§ **45.**—Quelquefois, le second renvoi est suivi de ces deux mots DA CAPO ou par abréviation D.C. on reprend alors *à la tête* ou commencement du morceau.

Suit le Tableau des Signes employés en Musique.

TABLEAU DES SIGNES EMPLOYÉS EN MUSIQUE

DES ACCIDENTS (SIGNES ALTÉRATIFS)

§ 46.—Le *Dièse* sert à hausser d'un demi-ton le son de la note qu'il précède.

§ 47.—Le *Bémol* sert à baisser d'un demi-ton le son de la note qu'il précède.

§ 48.—Le *Double-dièse* hausse d'un ton le son de la note qu'il précède.

§ 49.—Le *Double-bémol* baisse d'un ton le son de la note qu'il précède.

§ 50.—Le *Bécarre* détruit l'effet produit par les dièses ou par les bémols.

ACCIDENTS

DIÈSE	BÉMOL	BÉCARRE	DOUBLE-DIÈSE	DOUBLE-BÉMOL
♯	♭	♮	X ou ♯♯ ou X	♭♭

DU CONTRE-TEMPS—DE LA SYNCOPE

§ 51.—Le *Contre-temps* est un son que l'on attaque après le temps.

§ 52.—La *Syncope* est un son que l'on attaque sur un *temps faible* ou sur la *partie faible* d'un temps et qui se prolonge sur le temps fort ou sur la partie forte du temps suivant.

DE LA MESURE

§ **53.**—La *Mesure* est la division d'un morceau de musique en parties d'une durée égale.

§ **54.**—La mesure se subdivise elle-même en parties égales appelées *temps*.

§ **55.**—Il y a *trois* espèces de mesures: la mesure à deux temps; la mesure à trois temps et la mesure à quatre temps.

§ **56.**—*Battre la mesure*, c'est en marquer chaque temps par des mouvements égaux de la main.

§ **57.**—La mesure à 2 temps se bat:
le 1.er temps en *frappant*
le 2.me temps en *levant*.

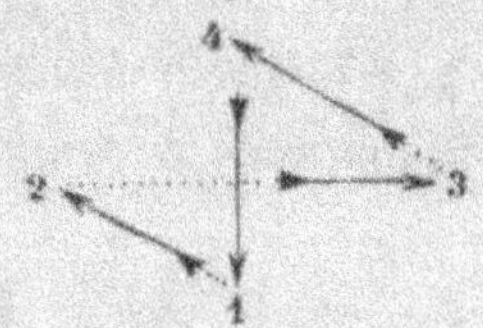

La mesure à 3 temps se bat:
le 1.er temps en *frappant*
le 2.me temps à *droite*
le 3.me temps en *levant*.

La mesure à 4 temps se bat:
le 1.er temps en *frappant*
le 2.me temps à *gauche*
le 3.me temps à *droite*
le 4.me temps en *levant*.

§ **58.**—Les mesures sont séparées par des barres verticales qui traversent la portée et que l'on nomme *Barres de mesure*.

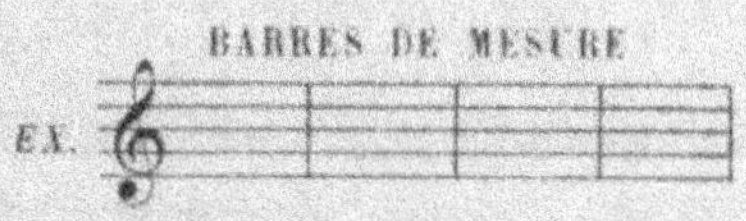

§ **59.**—La fin d'un morceau de musique s'indique par une double-barre renforcée et surmontée quelquefois du mot fin.

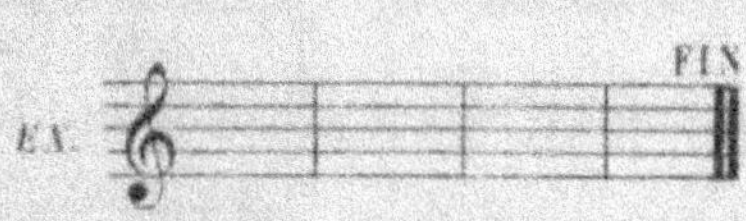

§ **60.**—La *Double-barre* est également employée dans les trois cas suivants:——1.° Quand elle précède un changement de mesure.

2.° Quand elle précède un changement d'armature.

3.° Pour séparer deux parties d'un morceau.

Elle se nomme alors *Barre de séparation*.

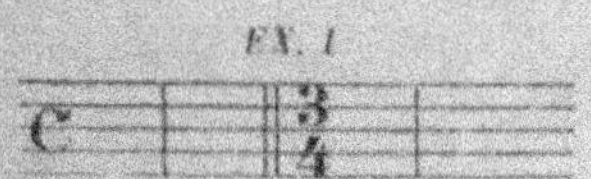

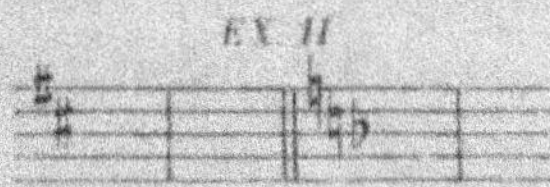

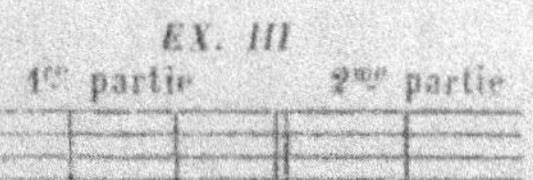

§ **61.**—Les différentes mesures sont indiquées par deux chiffres disposés l'un sous l'autre et que l'on place au commencement d'un morceau.

§ **62.**—Le *chiffre supérieur* (numérateur) indique le nombre de temps contenus dans la mesure; le *chiffre inférieur* (dénominateur) indique la division de l'unité, c'est-à-dire la ronde.

§ **63.**—Les mesures se divisent en deux classes: les *Mesures simples* et les *Mesures composées*.

§ **64.**—Les mesures simples sont celles dont la division du temps est *binaire*, c'est-à-dire dont le temps est divisible par *deux*.

§ **65.**—Les mesures composées sont celles dont la division du temps est *ternaire*, c'est-à-dire dont le temps est divisible par *trois*.

§ **66.**—Toute mesure simple peut donner naissance à une mesure composée.

§ **67.**—Pour former une mesure composée, il suffit d'ajouter un point à chaque unité de temps de la mesure simple.

EXEMPLE

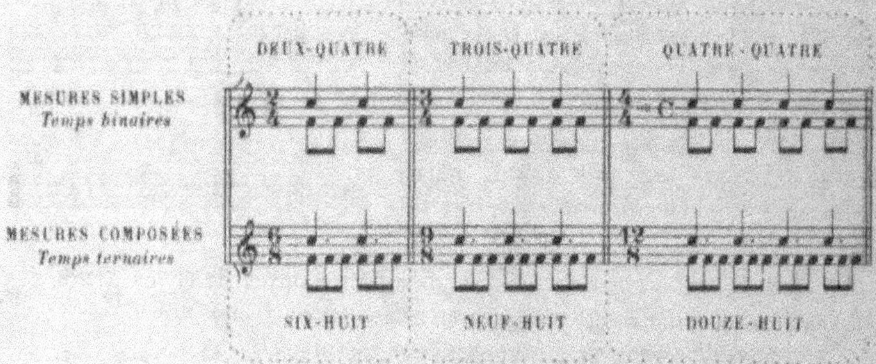

§ **68.**—Pour obtenir le chiffrage d'une mesure composée, il faut multiplier le numérateur de la mesure simple par *trois* et le dénominateur par *deux*.

§ 69.—Pour savoir à combien de temps doit se battre une mesure composée, il suffit de diviser le numérateur par trois.

EXEMPLES

	A DEUX TEMPS	A TROIS TEMPS	A QUATRE TEMPS
MESURES SIMPLES	$\frac{2}{4}$	$\frac{3}{4}$	$\frac{4}{4}$ ou C
MESURES COMPOSÉES	$\frac{6}{8}$	$\frac{9}{8}$	$\frac{12}{8}$

Comme on le voit, en divisant le numérateur des mesures à $\frac{6}{8}$, $\frac{9}{8}$, $\frac{12}{8}$ on obtient comme numérateur 2, 3, 4.

TABLEAU GÉNÉRAL

DES MESURES SIMPLES ET DES MESURES COMPOSÉES

DU TON CONSIDÉRÉ COMME INTERVALLE

§ 70.—Nous avons vu que la gamme est formée de *tons* et de *demi-tons*.

§ 71.—Le ton se divise en deux demi-tons et est composé de *9 commas.*(*)

§ 72.—Il y a deux sortes de demi-tons: le *demi-ton diatonique* et le *demi-ton chromatique*.

Le *demi-ton diatonique* est formé de deux notes différentes, comme *mi* et *fa*, *si* et *do*, *fa* ♯ et *sol*, *la* et *si* ♭ etc.

Il se compose de quatre commas.

§ 73.—Le *demi-ton chromatique* est produit par deux notes portant le même nom, mais dont l'une est altérée comme *do* et *do* ♯, *re* et *ré* ♭, *fa* et *fa* ♯ etc.

Il se compose de cinq commas.

DES INTERVALLES

§ 74.—Un *Intervalle* est la distance qui sépare une note d'une autre note.

§ 75.—L'intervalle est *ascendant* lorsque la première note est plus grave que la seconde et l'intervalle est *descendant* lorsque la première note est plus haute que la seconde.

§ 76.—Le nom d'un intervalle est déterminé par la quantité de degrés dont il est composé.

Les Intervalles se divisent en deux classes: les *Intervalles simples* et les *Intervalles redoublés*.

§ 77.—Les Intervalles simples sont contenus dans l'octave: la *Seconde*, la *Tierce*, la *Quarte*, la *Quinte*, la *Sixte*, la *Septième* et l'*Octave*.

§ 78.—Tous les intervalles qui dépassent l'octave s'appellent des *intervalles redoublés*; tels sont ceux de *Neuvième*, de *Dixième*, etc.

(*) D'après les lois de l'acoustique, le ton se divise en 9 parties égales, chacune de ces parties se nomme *comma*.

§ **79.**—En retranchant le nombre sept de l'intervalle redoublé on retrouve l'intervalle simple.

§ **80.**—Les intervalles peuvent se renverser:
Renverser un intervalle, c'est porter sa note grave à l'aigu ou porter sa note aigüe au grave.

§ **81.**—Dans le renversement des intervalles, la seconde devient septième, la tierce devient sixte, la quarte devient quinte, la quinte devient quarte, la sixte devient tierce, la septième devient seconde. Si l'on transporte à l'aigu ou au grave l'une des deux notes constituant *unisson*, on obtient l'octave.

EXEMPLE

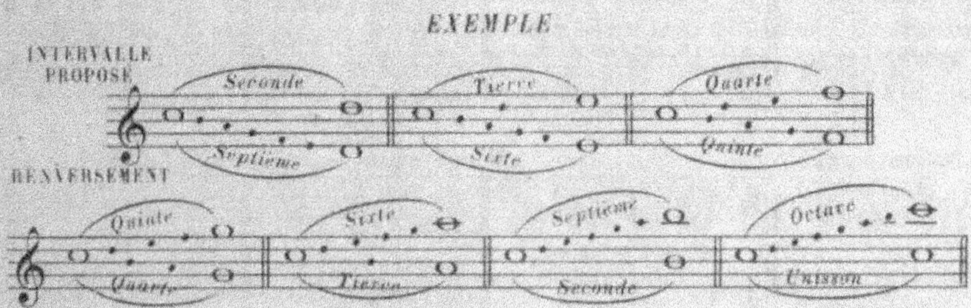

§ **82.**—Un intervalle redoublé ne peut être renversé, car en le renversant, on retrouverait l'intervalle simple.

§ **83.**—Les intervalles peuvent être *majeurs, mineurs, diminués, augmentés ou justes.*

§ **84.**—L'état variable des intervalles provient du plus ou moins grand nombre de tons et de demi-tons dont ils sont composés.

§ **85.**—L'augmentation ou la diminution d'un intervalle est toujours produite par un demi-ton chromatique que l'on ajoute ou que l'on retranche.

§ **86.**—Plus un intervalle est grand, plus son renversement est petit et *vice versa.* (Voir le Tableau du renversement des intervalles page 14)

§ **87.**—Par le renversement:

les intervalles majeurs deviennent mineurs
— mineurs — majeurs
— augmentés — diminués
— diminués — augmentés
— justes restent justes

TABLEAU DES INTERVALLES
ET DE LEURS RENVERSEMENTS
INTERVALLES PROPOSÉS SECONDES
mineure
½ ton diaton.
majeure
1 ton
augmentée
1 ton et 1 ½ ton chrom.
RENVERSEMENTS SEPTIÈMES
5 tons et 1 ½ ton diaton.
majeure
4 tons et 2 ½ tons diat.
mineure
3 tons et 3 ½ tons diat.
diminuée
INTERVALLES PROPOSÉS TIERCES
diminuée
2 ½ tons diat.
mineure
1 ton et 1 ½ ton diat.
majeure
2 tons
RENVERSEMENTS SIXTES
4 tons 1 ½ ton diat. et 1 ½ ton chrom.
augmentée
4 tons et 1 ½ ton diat.
majeure
3 tons et 2 ½ tons diat.
mineure
INTERVALLES PROPOSÉS QUARTES
diminuée
1 ton et 2 ½ tons diat.
juste
2 tons et 1 ½ ton diat.
augmentée
3 tons
RENVERSEMENTS QUINTES
3 tons 1 ½ ton diat. et 1 ½ ton chrom.
augmentée
3 tons et 1 ½ ton diat.
juste
2 tons et 2 ½ tons diat.
diminuée
INTERVALLES PROPOSÉS QUINTES
diminuée
2 tons et 2 ½ tons diat.
juste
3 tons et 1 ½ ton diat.
augmentée
3 tons 1 ½ ton diat. et 1 ½ ton chrom.
RENVERSEMENTS QUARTES
3 tons
augmentée
2 tons et 1 ½ ton diat.
juste
1 ton et 2 ½ tons diat.
diminuée
INTERVALLES PROPOSÉS SIXTES
mineure
3 tons et 2 ½ tons diat.
majeure
4 tons et 1 ½ ton diat.
augmentée
4 tons 1 ½ ton diat. et 1 ½ ton chrom.
RENVERSEMENTS TIERCES
2 tons
majeure
1 ton et 1 ½ ton diat.
mineure
2 ½ tons diat.
diminuée
INTERVALLES PROPOSÉS SEPTIÈMES
dimin.
4 tons et 3 ½ tons diat.
mineure
4 tons et 2 ½ tons diat.
majeure
5 tons et 1 ½ ton diat.
OCTAVE
5 tons et 2 ½ tons diat.
RENVERSEMENTS SECONDES
1 ton et 1 ½ ton chrom.
augmentée
1 ton
majeure
½ ton diat.
mineure
UNISSON

DES MODES

§ **88.**—Le *Mode* est la manière d'être d'une gamme diatonique.

§ **89.**—Il y a deux modes, le *mode majeur* et le *mode mineur*. Ils diffèrent entre eux par la place qu'occupent les demi-tons dans la gamme; les demi-tons sont placés, dans le *mode majeur*, entre le troisième degré et le quatrième et entre le septième degré et le huitième; dans le *mode mineur*, les demi-tons sont placés entre le 2me degré et le 3me, entre le 5me et le 6me (quand on fait la *sixte mineure*) et entre le 7me degré et le 8me.

§ **90.**—La seconde augmentée *fa sol* ♯ (gamme de la mineur) se trouve supprimée par l'emploi de la sixte majeure *fa* ♯. Par suite, le nombre de demi-tons n'est plus que de deux (2me au 3me degré et 7me au 8me).

§ **91.**—Ainsi modifiée, cette gamme mineure avec le fa ♯ présente cet inconvénient qu'en descendant il faut supprimer la *note sensible* et rétablir la *sixte mineure*.

§ **92.**—La troisième et la sixième notes de la gamme majeure ou mineure se nomment *notes modales* parce qu'elles déterminent le mode.

GAMME MAJEURE

GAMME MINEURE (1ʳᵉ MANIÈRE)

S'exécute en descendant comme en montant.

GAMME MINEURE (2ᵈᵉ MANIÈRE)

en montant — en descendant

DU NOM DES DEGRÉS DE LA GAMME

§ 93.—On a donné aux degrés de la gamme les noms suivants que caractérisent la position qu'ils occupent.

Le 1er Degré se nomme TONIQUE
Le 2me — — SUS-TONIQUE
Le 3me — — MÉDIANTE
Le 4me — — SOUS-DOMINANTE
Le 5me — — DOMINANTE
Le 6me — — SUS-DOMINANTE
Le 7me — — NOTE SENSIBLE
Le 8me — — OCTAVE ou TONIQUE

Une même note pourra être appelée tour à tour de l'un de ces différents noms, selon le ton auquel elle est affectée.

Prenons pour exemple la note UT.

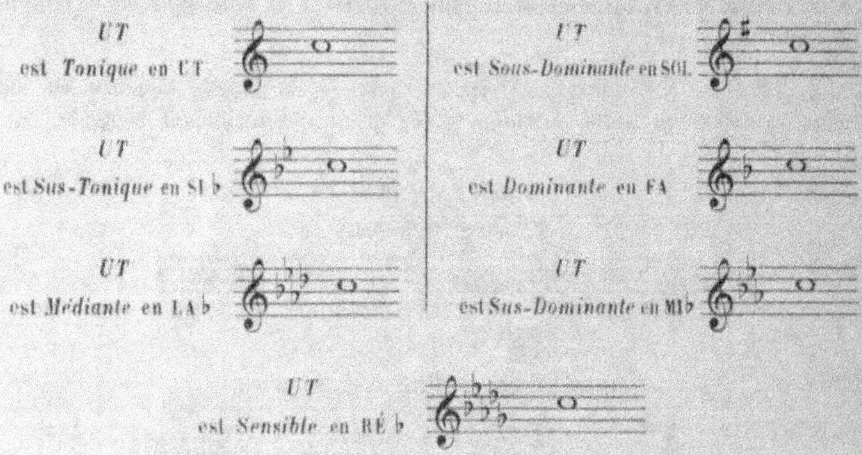

§ 94.—Les 1er, 4me et 5me degrés de la gamme sont appelés *notes tonales* parce que si l'on établit un accord sur chacun de ces trois degrés, on retrouve dans l'ensemble de ces notes toutes celles de la gamme.

EXEMPLE

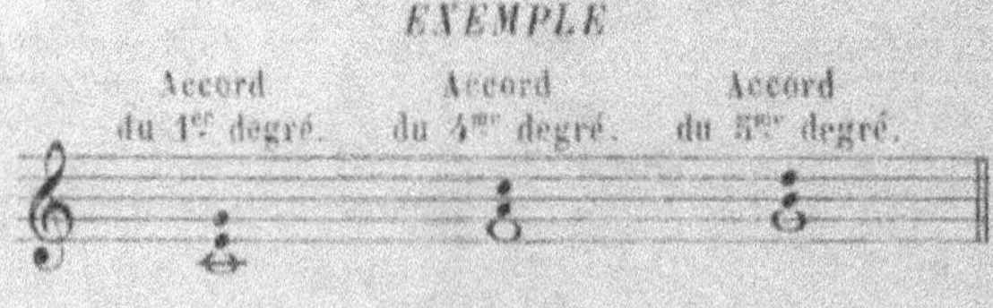

PRINCIPE de la FORMATION des GAMMES

§ 95.—L'ordre dans lequel on place les dièses et les bémols à la clé a été déterminé par le principe de la formation des gammes.

§ 96.—Chaque note de l'échelle musicale peut devenir le point de départ d'une gamme.

TABLEAU DE L'ENCHAÎNEMENT DES GAMMES
(ORDRE DES DIÈSES)

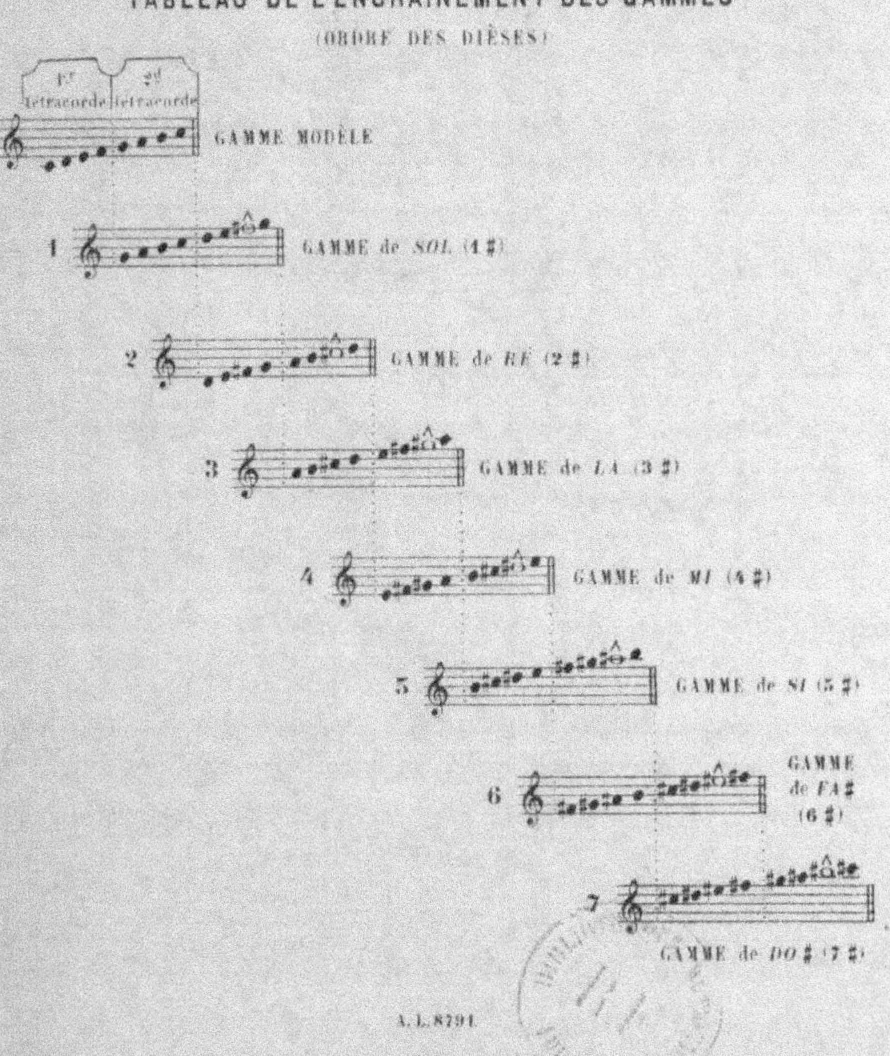

TABLEAU DE L'ENCHAÎNEMENT DES GAMMES
(ORDRE DES BÉMOLS)

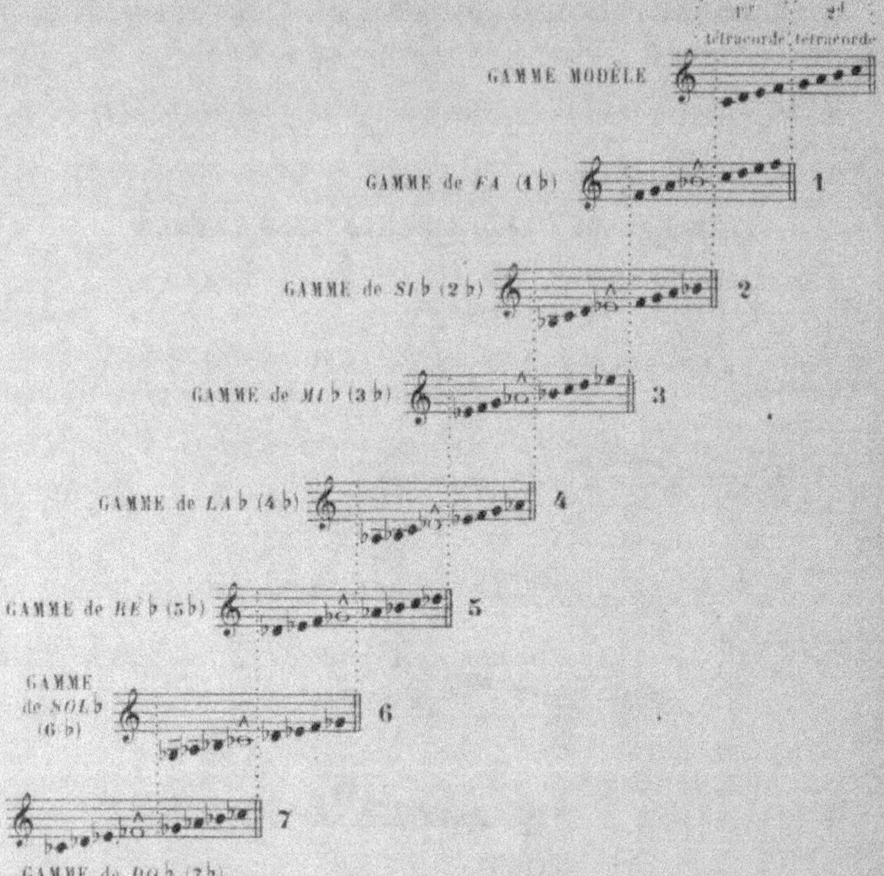

§ 97. — Comme on peut le voir par les tableaux ci-dessus, toutes les gammes majeures ont été calquées sur la gamme modèle d'UT majeur que l'on a divisée en deux parties égales appelées *Tétracordes*. (*)

§ 98. — Chaque *tétracorde* se compose de 2 tons et 1 demi-ton diatonique.

§ 99. — Les deux *tétracordes* sont séparés par la distance d'un ton.

(*) On appelle tétracorde une succession de quatre sons conjoints.

§ **100.**—Le 2^d *tétracorde* de la gamme modèle (Ut majeur) devenant le 1er *tétracorde* d'une gamme nouvelle, sert à former la première gamme avec dièse.(Sol majeur)

Le 2^d *tétracorde* de la gamme de Sol devient le 1er *tétracorde* de la gamme de Ré et ainsi de suite pour les autres gammes avec dièses.

§ **101.**—Le 1er *tétracorde* de la gamme modèle (Ut majeur) devenant le 2^d *tétracorde* d'une gamme nouvelle, sert à former la première gamme avec bémol (Fa majeur); le 1er *tétracorde* de la gamme de Fa devenant le 2^d *tétracorde* d'une gamme nouvelle, sert à former la gamme de Si bémol et ainsi de suite pour les autres gammes avec bémols.

§ **102.**—On voit, par le tableau qui précède, que c'est bien le principe de la formation des gammes qui a déterminé l'ordre dans lequel on place les dièses et les bémols à la clé.

§ **103.**—Les *dièses* se placent de quarte en quarte en descendant ou de quinte en quinte en montant.

§ **104.**—Les *bémols* se placent de quarte en quarte en montant ou de quinte en quinte en descendant.

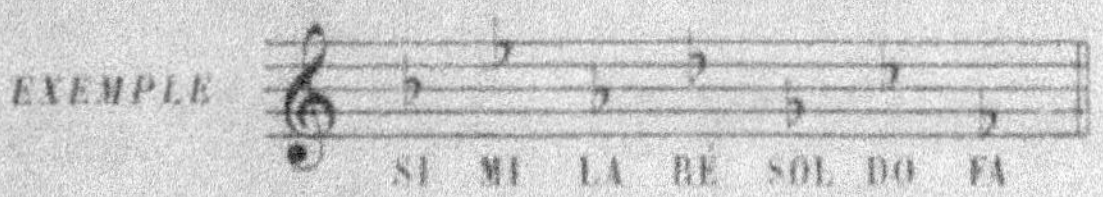

§ **105.**—Moyen pour trouver le nom d'un ton majeur avec dièses à la clé.

Un ton majeur avec dièses à la clé porte toujours le nom de la note qui suit le dernier dièse placé à la clé. En conséquence, avec un seul dièse (*fa*) on est en Sol majeur.

§ **106.**—Moyen pour trouver le nom d'un ton majeur avec bémols à la clé.

Un ton majeur avec bémols à la clé porte le nom de l'avant dernier bémol placé à la clé; avec un seul bémol, on est en fa.

§ **107.**—Moyen pour trouver le ton mineur relatif d'un ton majeur.

Qu'il y ait des dièses ou des bémols à la clé, la tonique d'une gamme mineure se trouve toujours une tierce mineure au-dessous de la tonique de la gamme majeure.

TABLEAU DES GAMMES RELATIVES

MAJEURES ET MINEURES

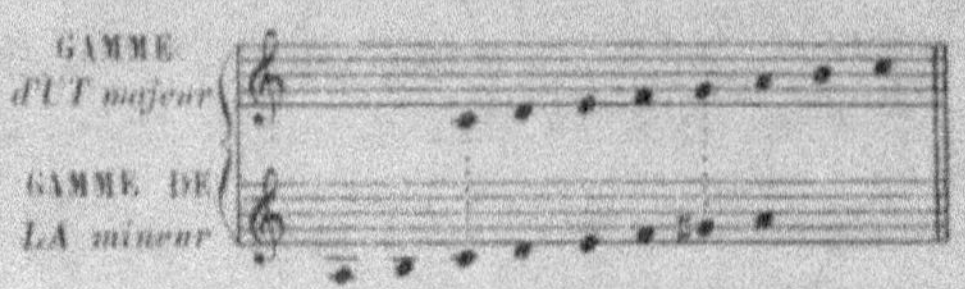

GAMMES AVEC DES BÉMOLS	GAMMES AVEC DES DIÈSES

DES GENRES

§ **108.**—Il y a en musique trois genres: 1º le *genre diatonique*; 2º le *genre chromatique*; 3º le *genre enharmonique*.

1º Une phrase musicale est du *genre diatonique* quand elle est composée exclusivement de tons et de demi-tons diatoniques.

2º Une phrase est du *genre chromatique* lorsque, comme la gamme chromatique, elle procède par demi-tons diatoniques et chromatiques.

3º On dit qu'une phrase est du *genre enharmonique*, quand on y rencontre souvent des enharmonies. (synonymie de tons)

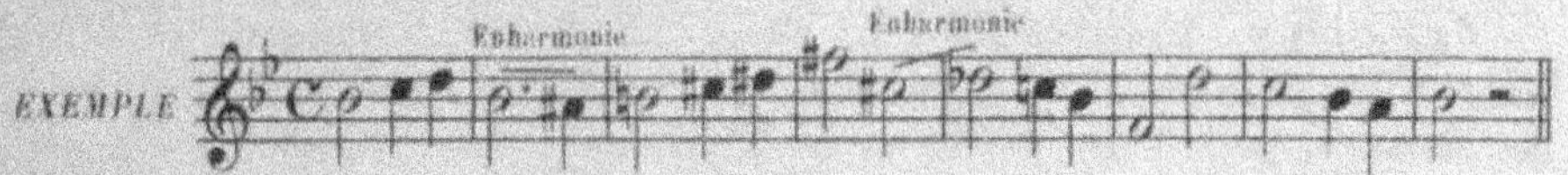

Des NOTES et des TONS SYNONYMES

§ **109.**—On appelle notes *synonymes* deux notes affectées au même son, bien qu'elles portent un nom différent. (*)

§ **110.**—On appelle tons *synonymes* ou *enharmoniques* deux tons dont les notes ont le même son sans porter le même nom.

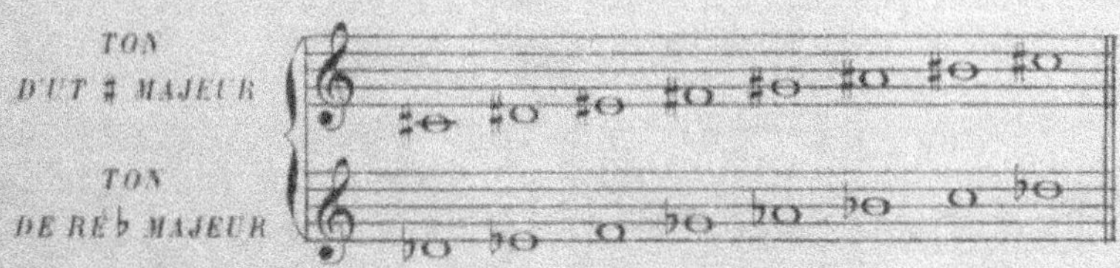

(*) Il y a cependant la différence d'un *comma* entre deux notes synonymes et dans les instruments où les sons ne sont pas fixes, comme le violon et le violoncelle, par exemple, l'instrumentiste emploie deux doigtés pour établir la différence qui existe entre DO ♯ et RÉ ♭. Mais dans les instruments à sons fixes, comme l'orgue et le piano, l'on a adopté l'accord tempéré ou tempérament: DO ♯ et RÉ ♭ donnent le même son et s'exécutent avec la même touche.

DES TONS HOMONYMES

§ **111.**—On appelle *tons homonymes* deux tons dont les notes s'écrivent sur le même degré de la portée, et qui se trouvent à distance d'un demi-ton chromatique, soit supérieur soit inférieur.

EXEMPLE

RÉ majeur, RÉ ♭ majeur —— SOL majeur, SOL ♭ majeur,
UT majeur, UT ♯ majeur,

§ **112.**—Le total des accidents de deux tons homonymes forme toujours le nombre Sept.

EXEMPLE

UT majeur a zéro accident à la clé et son homonyme
UT ♯ majeur a sept ♯ à la clé. (Total sept accidents)
MI ♭ majeur a trois bémols à la clé et son homonyme
MI majeur a quatre ♯ à la clé. (Total sept accidents)

REMARQUE.—Quand un ton a des dièses à la clé, le ton homonyme a des bémols et réciproquement. Quand un ton a des bémols à la clé, son homonyme a des dièses.

DE LA MODULATION

§ **113.**—La *Modulation* est le passage d'un ton à un autre.

§ **114.**—Pour effectuer une modulation, on doit faire entendre la *note sensible* ou la *sous-dominante* du ton où l'on veut aller; quelquefois, on emploie la *dominante*.

EXEMPLE DE MODULATIONS

DE LA TRANSPOSITION

§ **145.** – *Transposer*, c'est lire ou transcrire ou exécuter un morceau de musique dans un ton autre que celui dans lequel il est écrit.

§ **116.** – La *Transposition* s'obtient de deux manières différentes.
1º Par le changement de la position occupée par les notes sur la portée.
2º Par le changement de clé.

TRANSPOSITIONS PAR LE MOYEN DES INTERVALLES

NOTA. – Les petites croix indiquent les modifications que subissent les accidents dans la transposition.

PAR LE MOYEN DES CLÉS

ORNEMENTS — ABRÉVIATIONS

§ **117.** – Les *Ornements* — appelés généralement *Notes d'agrément* ou *Broderies* — sont des petites notes qui se placent devant une note principale pour donner de la variété à une mélodie. Il existe en musique plusieurs ornements qui empruntent leur valeur, soit à la note principale qui les précède, soit à celle qui les suit.

§ **118.** – Les principaux ornements sont:

L'*Appoggiature*.	Le *Trille*.
Le *Grupetto*.	Le *Mordant*.

La *Fioriture*, appelée aussi *Cadenza* ou *Point d'Orgue*.

§ **119.**—L'*Appoggiature*—d'un mot italien qui signifie appuyer — est une petite note qui se place devant une note principale, à un degré au-dessus ou au-dessous de cette note et à laquelle elle emprunte une partie de sa valeur.

§ **120.**—L'appoggiature peut être simple ou double.

§ **121.**—L'appoggiature simple s'écrit ainsi ♪; elle doit s'exécuter rapidement.

§ **122.**— L'appoggiature double consiste en deux petites notes: l'une se trouve un degré au-dessus et l'autre un degré au-dessous de la note principale: l'exécution doit en être très rapide.

§ **123.**—Le *Grupetto* (*) est un groupe de trois ou quatre notes qui précède ou qui suit la note principale.

Il s'écrit soit en petites notes, soit au moyen du signe ∾.

Quand il est placé entre deux notes occupant le même degré sur la portée, le grupetto comporte trois petites notes.

Placé entre deux notes différentes, il est composé de quatre notes.

(*) Prononcez *Groupetto*.

Lorsque la note supérieure du grupetto doit être altérée, on place l'accident au-dessus du signe ∾ ; on le place au-dessous pour l'altération de la note inférieure.

§ 124.—Le *Trille* consiste en des battements alternatifs et accélérés de deux notes conjointes.

§ 125.—Le *Trille* s'indique par les deux lettres *tr* que l'on place au dessus d'une note; il se fait avec cette note et la note placée un degré au-dessus. Le Trille est souvent terminé par une ou plusieurs petites notes différentes de celles qui composent le trille.

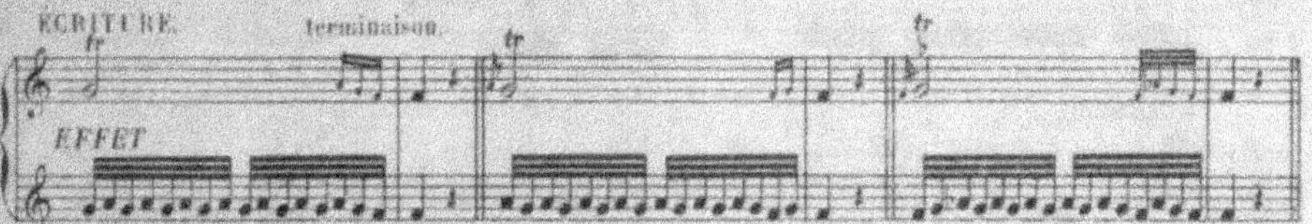

§ 126.—Le *Mordant* qui s'indique par ce signe ∿ est un battement très rapide de deux notes distantes d'un ton ou d'un demi-ton.

§ 127.—La *Fioriture* est un groupe de notes dont le nombre est indéterminé et qui se place après un point d'orgue; son exécution peut varier selon le caprice de l'artiste et le caractère du morceau de musique.

§ **128.**— Pour éviter la répétition d'un même groupe de notes, on se sert, principalement dans la musique instrumentale, de différentes abréviations. Voici les plus usitées.

DU MOUVEMENT—DES NUANCES

§ **129.**— Le *Mouvement* est le degré plus ou moins grand de vitesse que l'on donne à un morceau de musique.

On appelle *Nuances* les différents degrés de force à observer dans le cours d'un morceau.

L'indication des mouvements et des nuances se fait généralement à l'aide de termes italiens que l'on place au commencement du morceau et au-dessus de la portée.

Nous diviserons les mouvements en trois catégories:

1º *Les Mouvements lents;*—2º *Les Mouvements modérés;*

3º *Les Mouvements vifs.*

MOUVEMENTS LENTS

Termes Italiens.	Signification.	Termes Italiens.	Signification.
Grave	Très lent	Larghetto	Un peu moins large.
Lento	Lent.	Adagio	Lent.
Largo	Large et lent.	Maestoso	Majestueux.

MOUVEMENTS MODÉRÉS

Termes Italiens.	Signification.
Andante	Moins lent qu'Adagio.
Andantino	Moins lent que l'Andante; se rapproche de l'Allegretto.
Moderato	Modérément.

MOUVEMENTS VIFS

Termes Italiens.	Signification.
Allegretto	Pas trop vite et gaiment.
Allegro	Plus rapide; entraînant.
Presto	Très vif.
Prestissimo	Le plus vif possible.

§ **130.**—Différents termes servent encore à modifier les mouvements ou à indiquer le caractère d'un morceau de musique :

Termes Italiens.	Signification.	Termes Italiens.	Signification.
Accelerando	En pressant.	Con grazia	Avec grâce.
Agitato	Avec agitation.	— impeto	Impétueusement.
Allargando	En élargissant le Mouvement.	— morbidezza	Avec langueur.
Alla stretta	En pressant de plus en plus.	— moto	Avec mouvement.
Ad libitum	} A volonté.	— rigore	Exactement.
A piacere		— spirito	Avec esprit.
Calando	En ralentissant.	Crescendo	En augmentant l'intensité du son.
Cantabile	Bien chanté.		
Comodo	A l'aise, sans presser.	Decrescendo	} En diminuant.
Con anima	Avec âme.	Diminuendo	
— bravura	— bravoure.	Dolce	Avec douceur.
— brio	— éclat.	Espressivo	Expressif.
— calore	— chaleur.	Forte	Avec force.
— dolore	} — douleur.	Giocoso	Joyeusement.
— duolo		Legato	Lié.
— fuoco	— feu.	Legatissimo	Très lié.
— gusto	— goût.	Leggiero	Légèrement.

Termes Italiens.	Signification.	Termes Italiens.	Signification.
Lusingando	Avec enjouement.	Slargando	En élargissant.
Mosso (Più mosso)	Animé (Plus animé).	Sostenuto	Soutenu.
Piangendo	En pleurant.	Staccato	Détaché.
Piano	Avec douceur.	Stentato	En retardant.
Perdendosi	En diminuant peu à peu.	Stringendo	En pressant avec force.
Portamento	En portant le son.	Tempo di Marcia	Mouvement de Marche.
Rallentando	En ralentissant.	Tempo di Minuetto	Mouvement de Menuet.
Ritardando	En retardant.	Tempo giusto	Modéré et bien mesuré.
Ritenuto	Retenu.	Teneramente	Tendrement.
Scherzando	En badinant.	Vibrato	En faisant vibrer.
Semplice	Avec simplicité.	Vivace	Avec vivacité.
Senza rigore	Sans rigueur.		

UTILITÉ DES CLÉS

§ **131.**—Les différentes clés, qui servent à déterminer le nom des notes placées sur la portée, sont nécessaires pour former la totalité de l'échelle musicale des voix et des instruments.

On se sert aussi des clés pour la transposition.

§ **132.**—Les *Voix* se divisent en deux catégories:

1º les voix de femmes ou d'enfants;

2º les voix d'hommes.

§ **133.**—Les voix d'hommes sont plus graves d'une octave que les voix de femmes ou d'enfants.

§ **134.**—Les différentes voix se divisent en voix graves et en voix aiguës.
La voix aiguë de femme ou d'enfant s'appelle *Soprano*.
La voix grave   "   "   "   *Contralto*.
La voix aiguë d'homme . . . . . . s'appelle *Ténor*.
La voix grave   "   . . . .   "   *Basse*.
Les différentes voix se subdivisent elles-mêmes ainsi qu'il suit:

Voix de femmes ou d'enfants
- Soprano ou 1er Dessus.
- Mezzo-Soprano ou 2me Dessus.
- Contralto ou 3me Dessus.

Voix d'hommes
- 1er Ténor.
- 2d Ténor.
- Baryton ou 1re Basse.
- Basse-Taille ou 2de Basse.

TABLEAU DE L'ÉTENDUE GÉNÉRALE DES VOIX
ET DE LEUR RAPPORT AVEC LES CLÉS

ÉTENDUE DE LA VOIX
ÉCRITURE MODERNE

§ **135.**—Comme on peut le voir par le tableau qui précède, chaque genre de voix a une clé spéciale; mais, en raison de la difficulté de lire sur toutes les clés, on se sert plus généralement de la *clé de sol 2me ligne* pour les voix de femmes et de ténor et de la *clé de fa 4me ligne* pour celles de baryton et de basse-taille.

Les clés d'*ut 2me ligne* et de *fa 3me ligne* sont très peu employées: on ne s'en sert guère que pour la transposition.

§ **136.**—C'est sur la clé de *sol 2me ligne* que l'on écrit tous les instruments aigus de l'orchestre: le violon, la flûte, le hautbois, la clarinette, le cor, la trompette, le cornet à pistons, ainsiqu'une grande partie des instruments de fanfare: saxophones, bugles, altos, barytons.

La main droite des instruments à clavier (le piano, l'orgue et l'harmonium) et de la harpe s'écrit sur la clé de sol; il en est de même de la musique pour l'harmoniflûte et la guitare.

§ **137.**—La clé de *fa 4me ligne* est affectée aux instruments graves de l'orchestre: le violoncelle, la contrebasse, le basson, le trombone-basse et l'ophicléïde; elle est employée pour la main gauche de la harpe et des instruments à clavier.

§ **138.**—On écrit la musique pour l'alto à cordes sur la clé d'*ut 3me ligne*.

§ **139.**—On écrit quelquefois la musique de violoncelle sur la clé d'*ut 4me ligne*; mais cette clé — de même que la clé de sol 2me ligne — est surtout employée pour les notes aigües, la clé de fa restant réservée aux notes graves et à celles du médium.

§ **140.**—On emploie aussi la clé d'*ut 4me ligne* dans l'écriture de la musique pour le basson et le trombone.

§ **141.**—Les instruments à percussion tels que le tambour, la grosse caisse, les cymbales et le triangle peuvent s'écrire indistinctement sur la clé de sol ou la clé de fa: on les indique par une simple note placée sur une ligne sans clé. Quant aux timbales, on les écrit toujours en clé de fa.

DE L'HARMONIE

§ **142.**—L'*Harmonie* est l'art de combiner les accords.

§ **143.**—Un *Accord* est la réunion de plusieurs sons entendus simultanément.

§ **144.**—La note la plus grave de l'accord s'appelle *fondamentale*.

§ **145.**—L'harmonie se divise en deux branches:
1º l'harmonie *consonante*; 2º l'harmonie *dissonante*.

§ **146.**—L'harmonie consonante est produite par les accords de trois sons, tels que: 1º *l'accord parfait majeur* composé d'une *note fondamentale*, d'une *tierce majeure* et d'une *quinte juste*; 2º *l'accord parfait mineur* composé d'une *note fondamentale*, d'une *tierce mineure* et d'une *quinte juste*; 3º l'accord de *quinte diminuée* composé d'une *note fondamentale*, d'une *tierce mineure* et d'une *quinte diminuée*.

§ **147.**—L'harmonie dissonante est produite par les accords de quatre sons et plus; tels sont les accords de septième, neuvième, etc.

EXEMPLES

148.—Deux notes entendues simultanément forment un intervalle harmonique.

§ 149.—Il y a deux sortes d'intervalles harmoniques:

1º les intervalles *consonants* (ou consonances);

2º les intervalles *dissonants* (ou dissonances).

§ 150.—Les consonances parfaites sont: la *quinte juste* et l'*octave*.

Les consonances imparfaites sont: la *tierce majeure*, la *tierce mineure*, la *sixte majeure* et la *sixte mineure*.

La *quarte juste* est appelée *consonance mixte*.

Les dissonances sont: les secondes et les septièmes.

§ 151.—Lorsque toutes les notes d'un accord sont entendues simultanément, on dit que l'accord est *plaqué*; quand elles sont entendues successivement, on dit que l'accord est *arpégé*.

EXEMPLES

§ 152.—L'harmonie dont il vient d'être question est appelée *harmonie naturelle;* mais les accords subissent encore de nombreuses modifications qui donnent lieu à l'*harmonie artificielle*. Ce n'est pas ici le cas d'en parler. Il nous suffira de dire que ce sont les différents aspects sous lesquels se présentent les accords et, par suite, la mélodie qu'ils accompagnent, qui donnent à la musique cet intérêt, cette variété et cette richesse qui la font aimer et mettre au premier rang des arts.

FIN DE LA THÉORIE.—Voir au Verso le QUESTIONNAIRE.

QUESTIONNAIRE
de la PETITE THÉORIE MUSICALE de J. ARNOUD

1 — Qu'est-ce que la musique?

2 — En combien de branches se divise-t-elle?

3 — En combien de classes se subdivise-t-elle?

4 — Qu'est-ce que solfier?

5 — Qu'est-ce que chanter?

6 — Comment se produit le son?

7 — Qu'est-ce qui détermine l'acuité ou la gravité du corps sonore?

8 — Combien le son a-t-il de qualités?

9 — Par quoi les sons musicaux se représentent-ils?

10 — Combien y a-t-il de notes et quels sont leurs noms?

11 — De combien d'intervalles se compose la gamme?

12 — Où sont placés les tons et les demi-tons?

13 — Combien y a-t-il d'espèces de degrés?

14 — Sur quoi écrit-on les notes?

15 — Comment place-t-on les notes?

16 — Où s'écrivent les sons graves; où s'écrivent les sons aigus?

17 — Quel est l'ensemble des notes contenues dans la portée?

18 — Comment augmente-t-on l'étendue de la portée?

19 — Comment fixe-t-on le nom des notes?

20 — Comment la clé détermine-t-elle le nom des notes?

21 — Combien y a-t-il d'espèces de clés?

22 — Nommez les notes contenues dans la portée.

23 — Nommez les notes écrites à l'aide de lignes supplémentaires.

24 — Comment s'indique la durée plus ou moins longue des sons?

25 — Quelles sont les figures de notes?

26 — Les croches, double-croches, etc, peuvent-elles se réunir?

27 — Comment s'indique l'interruption momentanée des sons?

28 — Quelles sont les figures de silences?

29 — A quelles figures de notes équivalent les différentes figures de silences?

30 — Quelle était la valeur de la maxime et de la brève, figures de notes employées autrefois?

31 — Quel est l'effet d'un point placé après une note?

32 — Quel est l'effet de deux points placés après une note?

33 — Quel est l'effet des points placés après les silences?

34 — Quel est l'effet des points placés au-dessus des notes?

35 — Comment exécute-t-on les notes surmontées d'un point et d'une liaison?

36—Quelle est la signification du point d'orgue et quelle est celle du point d'arrêt?

37—Que signifie la liaison réunissant deux notes identiques?

38—Que signifie la liaison placée sur des notes de noms différents?

39—Qu'est-ce que le triolet?

40—Un silence peut-il faire partie d'un triolet et dans quelles conditions?

41—Qu'est-ce que le double-triolet?

42—Comment s'exécute le sextelet ou sixain?

43—Qu'est-ce qu'une reprise?

44—A quoi sert le renvoi §?

45—A quoi servent les deux mots DA CAPO?

46—A quoi sert le Dièse?

47—A quoi sert le Bémol?

48—A quoi sert le double-Dièse?

49—A quoi sert le double-Bémol?

50—A quoi sert le Bécarre?

51—Qu'est-ce qu'un contre-temps?

52—Qu'est-ce qu'une syncope?

53—Qu'est-ce que la mesure?

54—Comment se subdivise la mesure?

55—Combien y a-t-il d'espèces de mesures?

56—Qu'appelle-t-on battre la mesure?

57—Comment se battent les différentes espèces de mesures?

58—Comment sépare-t-on les mesures?

59—Comment indique-t-on la fin d'un morceau de musique?

60—Dans combien de cas emploie-t-on la double-barre?

61—Comment indique-t-on les différentes mesures?

62—Quelle est la signification du chiffre supérieur; quelle est celle du chiffre inférieur?

63—En combien de classes se divisent les mesures?

64—Qu'appelle-t-on mesures simples?

65—Qu'appelle-t-on mesures composées?

66—Une mesure simple peut-elle donner naissance à une mesure composée?

67—Comment peut-on, d'une mesure simple, former une mesure composée?

68—Comment obtient-on le chiffrage d'une mesure composée?

69—Que faut-il faire pour savoir à combien de temps doit se battre une mesure composée?

70—Rappeler de quoi est formée la gamme.

71—Comment se divise le ton et de quoi est-il composé?

72—Combien y a-t-il de sortes de demi-tons? Comment est formé le demi-ton diatonique et de quoi se compose-t-il?

73—Comment est produit le demi-ton chromatique et de quoi se compose-t-il?

74—Qu'est-ce qu'un intervalle?

75—Dans quel cas un intervalle est-il ascendant? Dans quel cas est-il descendant?

76—Comment est déterminé le nom d'un intervalle? En combien de classes les intervalles se divisent-ils?

77—Quels sont les intervalles simples?

78—Quels sont les intervalles redoublés?

79—Comment, étant donné un intervalle redoublé, retrouve-t-on l'intervalle simple?

34

80—Qu'est-ce que renverser un intervalle?

81—Quels sont les intervalles nouveaux produits par le renversement?

82—Un intervalle redoublé peut-il être renversé?

83—Les intervalles peuvent-ils être de diverses natures?

84—D'où provient cet état variable?

85—Comment sont produites l'augmentation ou la diminution d'un intervalle?

86—La grandeur d'un intervalle a-t-il un effet sur son renversement?

87—Que deviennent les intervalles par le renversement?

88—Qu'est-ce que le mode?

89—Combien y a-t-il de modes et, dans chacun d'eux, où se trouvent placés les demi-tons?

90—Quel est l'effet produit dans la gamme mineure par l'emploi de la sixte majeure?

91—Quel est l'inconvénient qui résulte de l'emploi de la sixte majeure?

92—Qu'est-ce qu'on appelle notes modales?

93—Quels sont les noms donnés aux degrés de la gamme?

94—Quels sont les degrés appelés notes tonales et pourquoi les nomme-t-on ainsi?

95—Comment a été déterminé l'ordre dans lequel on place les ♯ et les ♭ à la clé?

96—Où se trouve le point de départ des différentes gammes? Indiquer leur enchainement.

97—Sur quelle gamme ont été calquées les gammes majeures et comment cette gamme est elle divisée?

98—De combien de tons et ½ tons se compose chaque tétracorde?

99—Quelle est la distance qui sépare deux tétracordes?

100—Comment forme-t-on les gammes majeures avec ♯?

101—Comment forme-t-on les gammes majeures avec ♭?

102—Rappeler comment a été déterminé l'ordre dans lequel on place les ♯ et les ♭ à la clé.

103—Comment place-t-on les ♯ à la clé?

104—Comment place-t-on les ♭ à la clé?

105—Comment trouve-t-on le nom d'un ton majeur avec ♯ à la clé?

106—Comment trouve-t-on le nom d'un ton majeur avec ♭ à la clé?

107—Comment trouve-t-on le ton mineur relatif d'un ton majeur?

108—Combien y a-t-il de genres en musique?

109—Qu'appelle-t-on notes synonymes?

110—Qu'est-ce qu'on appelle tons synonymes ou enharmoniques?

111—Qu'est-ce qu'on appelle tons homonymes?

112—Quels sont les accidents à la clé pour deux tons homonymes?

113—Qu'est-ce que la modulation?

114—Comment peut-on effectuer une modulation?

115—Qu'est-ce que transposer?

116—Comment s'obtient la transposition?

117—Qu'appelle-t-on ornements?

118—Quels sont les principaux ornements?

119—Qu'est-ce que l'appoggiature?

120—Y a-t-il plusieurs espèces d'ap-
poggiatures?

121—Comment s'écrit et s'exécute l'appoggiature simple?

122—En quoi consiste l'appoggiature
double?

123—Qu'est-ce que le Grupetto?

124—Qu'est-ce que le Trille?

125—Comment s'indique et se fait le Trille?

126—Qu'est-ce que le Mordant?

127—Qu'est-ce que la Fioriture?

128—Quelles sont les abréviations usitées
dans la musique instrumentale?

129—Qu'appelle-t-on mouvement et nuance
Indiquer les différents mouvements?

130—Quels sont les termes qui servent
à modifier les mouvements?

131—A quoi servent les différentes clés?

132—En combien de catégories se divisent les voix?

133—Quelle est la hauteur des voix d'hommes par rapport aux voix de femmes ou d'enfants?

134—Comment se divisent les différentes voix?

135—Quelles sont les clés employées pour
les différentes voix?

136—Pour quels instruments emploie-t-
on la clé de Sol 2me ligne?

137—Pour quels instruments emploie-t-
on la clé de Fa 4me ligne?

138—Pour quel instrument emploie-t-on
la clé d'Ut 3me ligne?

139—Pour quel instrument emploie-t-on
quelquefois la clé d'Ut 4me ligne?

140—Quels sont les 2 autres instruments
auxquels cette même clé est quelquefois affectée?

141—Sur quelles clés écrit-on les instruments à percussion?

142—Qu'est-ce que l'harmonie?

143—Qu'est-ce qu'un accord?

144—Qu'est-ce qu'on appelle note fondamentale?

145—En combien de branches se divise
l'harmonie?

146—Comment est produite l'harmonie
consonante?

147—Comment est produite l'harmonie
dissonante?

148—Que forment deux notes entendues
simultanément?

149—Combien y a-t-il de sortes d'intervalles harmoniques?

150—Quelles sont les consonances parfaites et imparfaites et quelles sont
les dissonances?

151—Dans quel cas un accord est-il plaqué,
dans quel cas est-il arpégé?

152—Qu'appelle-t-on harmonie naturelle
et harmonie artificielle?

FIN DU QUESTIONNAIRE

A. L. 8791.   Paris, Imp. A. Chaimbaud et Cie